मौन समुद्र
(तेलुगु से अनूदित कविता संग्रह)

सब्बनि लक्ष्मीनारायण

शरत साहिति कला स्रवंति, करीमनगर।

2025

मौन समुद्र

(तेलुगु से अनूदित कविता संग्रह)

लेखक

सब्बनि लक्ष्मीनारायण

मकान संख्या: 6-6-302, साईंनगर,

करीमनगर – 505 001

तेलंगाना राज्य, भारत

मोबाइल: +91 89852 51271

ईमेल: ln.sabbani@gmail.com

ISBN: 978-81-987719-8-8

Print On Demand

Published in December 2025

Book Available

@

Ph:0091-9515054998

Email: Kasturivijayam@gmail.com

Amazon, Flipkart,

विषय–सूची

समर्पण

अक्षर ज्ञान सीखते हुए पाँच–छह वर्ष की आयु में
इस संसार को छोड़कर चले गए
मेरे पिता जी की दिव्य स्मृति को।

प्रस्तावना

डॉक्टर सब्बनि लक्ष्मी नारायण मिट्टी से जुड़े अत्यंत संवेदनशील बहुमुखी प्रतिभा के धनी व्यक्तित्व हैं जो उनकी लेखनी में परिलक्षित होता है। उनकी प्रकाशित अनेक पुस्तकें जिसमें कविता , कहानी , गद्य , निबंध आलोचना आदि के साथ तेलंगाना पर ग्यारह पुस्तकें शामिल हैं। समाज , राज्य , राजनैतिक , देश की अनुचित व्यवस्था तथा क्रियाकलाप पर उनकी गहरी दृष्टि रही है और उन सभी विषयों पर उन्होने उत्कृष्ट लेखनी चलाई है।

पुस्तक "मौन समुद्र " कविता संग्रह जोकि तेलगू से हिंदी में अनुवाद है। वह अपने नाम के अनुरूप है। जिस प्रकार समुद्र ऊपर से शांत दिखाई देता है ; किन्तु उसकी एक रहस्यमयी, चुनौतीपूर्ण , खनिज ,गर्म पानी के स्रोत , जीव-जंतु से भरी जाग्रत दुनियां होती है , वैसे ही इस पुस्तक की कविताएं हैं। सभी कविताओं में एक संदेश होता है जो पाठक को सोचने पर मजबूर कर देता है। जहां कविताएं समाज - सुधारक बनने की प्रेरणा देती है वहीं आशा भी जगाती है तो कहीं देशभक्ति का जज़्बा भरती है। शहर की आपाधापी और शहर वासियों का एकदूसरे के प्रति भावशून्य व्यवहार दर्शाती है। 'फुटपाथ' कविता सड़क के किनारे लगने वाले बाजार का चित्रलिखित सा दृश्य दिखाती है। रोजी- रोटी की समस्या ,मज़दूरों की हालत , एक सकारात्मक नई सुबह के आने की आशा है तो कहीं कवि और लेखकों को उचित प्रोत्साहन ना मिलने का विषाद है। पिटी यू" कविता स्क्रीन पर बाजारवाद के भ्रमजाल को व्यक्त करती है। आकर्षक विज्ञापन हमें बताते हैं। हमको क्या-क्या चाहिए और हम कैसा चाहते हैं ? यह बात कितनी हास्यास्पद है कि हमें हमारी आवश्यकताओं की जानकारी नही है। हमें क्या और कैसा चाहिए ।

सिनेमा कल्चर समाज को दूषित करने वाला मायाजाल है। बढ़ा-चढ़ाकर झूठी - सच्ची सीरीज़ भाषा की हत्या और लिपी-पुती तारिकाएं लोगों में अतृप्ति की भाव भरती हैं।

एक कविता वेन्नेला गरीबी भूख और अज्ञानता कारण मनुष्यता को शर्मसार हुई बताती है कि, किस मजबूरी में माता-पिता ने मेंढ़े की तरह आपने बच्चे का सिर काट डाला।

आज पत्र महत्वहीन हो गए हैं कभी इनसे जीवन में स्पंदन था। कवि की यह कल्पना नही है , यह वास्तविकता है कि- कवि कालजयी होता है। सभी प्रकार के बंधनों

के वाबजूद ; उसकी भावनाओं को कोई बांध नही सकता। यह हृदय से निकली अविरल धारा है। इस कविता संग्रह की कविताएं विभिन्न रसों में डूबी मानव जीवन का दर्पण हैं।

सब मिलाकर यह कविता संग्रह अत्यंत सराहनीय है।

-सुषमा त्रिपाठी

तारीख:15-12-2025.

हैदराबाद।

‘मौन समुद्र’ — परिचय

‘मौन समुद्र’ तेलुगु भाषा में मेरा पहला काव्य-संग्रह है। इसका प्रथम प्रकाशन 1999 में हुआ। वर्ष 2024 में यह रजत-जयंती संस्करण के रूप में पुनः प्रकाशित हुआ। उसी वर्ष मैंने स्वयं इसका अंग्रेज़ी अनुवाद भी किया। अब मैंने इसे हिंदी भाषा में भी अनूदित किया है। हिंदी में अनूदित होने वाला यह मेरा पहला काव्य-संग्रह है।

मेरे लिए कविता प्रेम है, प्राण है। एक समय ऐसा भी रहा है जब मुझे लगा—यदि कविता न हो, तो मैं जीवित नहीं रह सकता। यह कहना अधिक उचित होगा कि मैंने कविता नहीं लिखी, बल्कि समय ने मुझसे लिखवाया। लिखे बिना रह न पाने की विवशता में रची गई अनेक कविताएँ और प्रसंग इसमें शामिल हैं। इस संग्रह की कुछ कविताओं पर कहानियाँ भी लिखी जा सकती हैं—और मैंने लिखी भी हैं।

हर कविता में एक ऊर्जा होती है, एक कंपन होता है। वही कंपन मुझे अनुवाद के दौरान भी महसूस हुआ। मैं प्रारंभ से ही हिंदी भाषा का प्रेमी रहा हूँ। कविताओं के साथ-साथ कुछ कहानियों का भी मैंने हिंदी में अनुवाद किया है।

यह पुस्तक मेरे लिए मेरी पहली संतान के समान है। अपनी कविताओं को तेलुगु से हिंदी साहित्य-जगत में अनुवादित कर, मैं उन्हें पक्षियों की तरह मुक्त आकाश में छोड़ रहा हूँ—साहित्यिक संसार के स्नेह और स्वीकार की प्रतीक्षा में।

— सब्बनि लक्ष्मीनारायण

करीमनगर

मोबाइल: 8985251271

कृतज्ञताएँ

कृतज्ञता के साथ मैं उन सभी आदरणीय व्यक्तियों का स्मरण करता हूँ, जिनके स्नेह, सहयोग और प्रोत्साहन से यह काव्य-संग्रह संभव हो सका।

अनुरोध करते ही इस पुस्तक के लिए आत्मीय भूमिका प्रदान करने वाली श्रीमती सुषमा त्रिपाठी जी के प्रति मैं हार्दिक आभार व्यक्त करता हूँ।

मुझे सदैव स्नेह और प्रोत्साहन देने वाले श्री शेखर त्रिपाठी जी का मैं विशेष धन्यवाद करता हूँ।

कोलकाता की प्रतिष्ठित कवयित्री श्रीमती काबेरी चट्टोपाध्याय जी के प्रति मैं गहन कृतज्ञता प्रकट करता हूँ।

मेरे साहित्यिक मित्र श्री संकेपल्ली नागेन्द्र शर्मा जी तथा मेरे बाल्य मित्र श्री के. नारायण रेड्डी जी का सहयोग और आत्मीयता मेरे लिए अत्यंत मूल्यवान रही है।

इस पुस्तक के प्रकाशन में रुचि लेकर सहयोग प्रदान करने वाले कस्तूरी विजयम के श्री पामिरेड्डी सुधीर रेड्डी जी के प्रति मैं विशेष धन्यवाद ज्ञापित करता हूँ।

कवर पेज बनाने में अपने कीमती सुझाव देने के लिए ग्राफिक डिज़ाइनर कोर्स गुरु सूर्य प्रवीण सर को मेरा खास धन्यवाद।

साथ ही श्री उप्पला रामेशम, श्री कोला अन्ना रेड्डी, वेलमुला जायपाल रेड्डी जी के स्नेह और समर्थन के लिए भी मैं आभारी हूँ।

सबसे बढ़कर, मुझे समझते हुए इस पुस्तक के प्रकाशन का अवसर प्रदान करने वाले मेरे परिवार के सभी सदस्यों के प्रति मैं हृदय से कृतज्ञ हूँ।

1. मौन समुद्र

गरल को पीना ही पड़ता है, ठीक शंकर की तरह।
जब जीवन–समुद्र को मथते हैं,
सबसे पहले हलाहल ही ऊपर आता है।
यह मौन का समुद्र है,
जीवन की गम्भीर, गहन हृदय–धारा है।
यह कोई क्षीरसागर नहीं—
यह तूफ़ान के पहले की निस्तब्ध लहरों का सागर है।
यहाँ कोई देवता नहीं,
सिर्फ़ मनुष्य और दानव ही हैं।
कालसर्प के साथ
जीवन–समुद्र को मथना ही पड़ता है।
किसी न किसी ओर—
सिर की ओर या पूँछ की ओर—
जुड़ना ही पड़ता है।
विभाजन–रेखा अनिवार्य है;
तीसरा पक्ष न होता है, न होना चाहिए।
हलाहल भी निकलेगा,
अमृत–धारा, कविता–धारा भी फूटेगी।
हलाहल निकलेगा,
अमृत की धारा और कविता की धारा भी अवश्य प्रवाहित होगी।
अमृत–धारा और कविता–धारा को ग्रहण करने वाले
सज्जनों और सु–कवियों का स्वागत है।

1999

2.अक्षर

अक्षर गूँजते हैं,
अक्षर दहकते हैं,
अक्षर हमें झकझोरते हैं,
अक्षर हम पर करुणा बरसाते हैं।
अक्षरों को सुंदरता से पिरो दें—
तो वे गीतों की मालाएँ बन जाते हैं,
अक्षर खिड़कियाँ बनकर
नई दिशाओं को खोलते हैं।
वे साहित्य–पंडाल के
तोरणद्वार बनकर खड़े रहते हैं,
भाषा और भावना के
सीढ़ियाँ बन जाते हैं।
अक्षर हृदय से हृदय तक
मार्ग बनाकर ले जाते हैं,
सीमाओं को मिटाकर
असीम प्रदेशों को जोड़ते हैं।
अक्षर वेदना से चीखते हैं,
आनंद से खिलखिलाते हैं,
अक्षर कवि के हृदय में
लगातार धड़कते रहते हैं।
कभी चाँदनी–समुद्र बन जाते हैं,
कभी रक्त–ज्वालाएँ बनकर धधकते हैं,
कभी मधुर वसंत बनते हैं,
कभी काव्य–गान में ढल जाते हैं।
अक्षरों को मैं देखता हूँ,
उन्हें सुनता हूँ,
उन्हें सांसों की तरह भीतर भर लेता हूँ,

और उन्हें आदेश देता हूँ।
क़लम के हृदय में अक्षरों को भरकर—
वेदना से, व्याकुलता से, आनंद से,
कोमल चाँदनी और
घने अँधेरों को मिलाकर—
कलम की कूंची से मैं जीवन की पंडाल रचता हूँ,
और अस्तित्व की अनंत सीमाओं को निहारता हूँ।

1990

3.सुबह

सुबह —.
एक आशा की किरण,
आशाओं की नन्ही कलियों को
धरती पर बिखेरने निकलती है।
समय की सीढ़ियों पर ठहरकर
अपने लक्ष्य तक पहुँचने का आमंत्रण देती है।
सुबह —
आने वाले जीवन की सीढ़ी है।
हज़ार बसंतों को खिलाती है,
बीते हुए हज़ार पलों को स्मरण में लाती है।
भोर की कोमल कुहू-कुहू ध्वनि में,
एक शांत, गंभीर समुद्र की गूंज जैसे,
न जाने किस आदि मानव ने
पहली किरणों का आनंद लेकर
जब इस जगत का स्वागत-गीत गाया होगा,
तब प्रकृति भी पुलकित हुई होगी।

और जब मैं भी
कवि बनकर, रवि बनकर
इस सृष्टि को निहारता हूँ,
जब मेरे शरीर का कण–कण
प्रकृति में विलीन होकर
स्वर बन जाता है, नाद बन जाता है,
और समय के साथ लय में समा जाता है...
अक्षर ही मानो स्वागत-गीत बन जाते हैं।
आँसुओं की स्याही में डूबा कलम
न जाने कैसी मीठी कविता लिखना चाहता है,

न जाने कैसी सुंदर चित्राकृति उकेरना चाहता है।
अनगिनत प्रभातों के अनंत सागर को
एक निमंत्रण भेजते हुए...

1990

4. "कवि! तुम आत्महत्या कर लो!"

कवि! तुम आत्महत्या कर लो!
यह मेरे हृदय के टूटे हुए ज्वालामुखी की चीख़ है — समझो!
कवि! इस देश में कौन पहचानता है तुम्हें,
जब तक तुम अपनी आवाज़ ऊँची न करो?
कवि! धन के लिए कविता मत लिखो।
अक्षरों को साँचे में ढालकर,
पुस्तकें छापकर
घर–घर घूमकर बेचने के लिए
कभी मत लिखो!
कवि! अक्षरों को मत बेचो —
वे मासूम बच्चों की तरह रो पड़ेंगे।
कवि! हवा को भला कौन बाँध सका है?
झरने की धारा को कौन रोक पाया?
समुद्र की गर्जन को कौन दबा पाया?
आग की सच्चाई को कौन झुठला पाया?
आँसुओं की कीमत कौन लगा पाया?
कवि! जब इस देश में
तुम्हारे अक्षरों को तौलने के लिए
दिल ही न हों —
तब सच में तुम आत्महत्या कर लो!
कवि! तुम्हारा अपना —
तेलुगूवाला, भारतीय —
जब तुम्हें पहचान ही न पाए,
तब सीमाहीन समुद्रों को पार कर चले जाओ।
कवि! कविश्वर बन जाओ,
अक्षरों के द्वारों को पार कर जाओ!
अक्षरों को आँसुओं की स्याही में डुबोकर

कविता लिखो।
अक्षरों को रक्त की धब्बों से जोड़कर
रुधिर-ज्वालाएँ रचो।
कवि! बौनों और शुतुरमुर्गों की भीड़ में
मेरु-शिखर से अडिग खड़े हो जाओ।
कवि! हवा की तरह फैल जाओ!
जल की तरह बहो!
अग्नि की तरह प्रज्वलित होओ!
इस भू–विश्व की विस्तृत
कविता बन जाओ!
आकाश की ऊँची अट्टालिका बनो!
धरती का मुकुट बनो!
कवि! जब सच्चाई तुम्हारे भीतर होती है,
तब तुम्हारे साम्राज्य के
तुम ही सम्राट होते हो!
कवि! जब इस दुनिया में
तुम्हारी कविता को तौलने के लिए
पत्थर भी न हों—
तब सच में तुम आत्महत्या कर लो!**

9- 12- 1999.

5 "जहाँ लोग मुनियों की तरह विचरते हों"

जहाँ लोग मुनियों की तरह विचरते हों,
जहाँ भलाई और मानवता प्रस्फुटित होती हो,
जहाँ अभागों और पीड़ितों की चीखें
कभी सुनाई न देती हों,
जहाँ सत्य, धर्म और न्याय
अचल खड़े रहते हों,
जहाँ छल, कपट, षड्यंत्र और शोषण
नाम मात्र भी न हो,
जहाँ मासूम हरिण
स्वच्छंद होकर जीते हों,
जहाँ जातियाँ, संघर्ष,
जीवन की विवशताएँ न हों,
जहाँ अबलाएँ समर्थ बनकर
अपने जीवन को संवारती हों,
जहाँ युवाओं की शक्ति
निस्तेज होकर व्यर्थ न बह जाती हो,
जहाँ मनुष्य 'मैं' नहीं,
'हम' बनकर जीता हो,
जहाँ लोग भेड़ों की तरह
झुककर नहीं जीते हों,

जहाँ कवि, कलाकार, लेखक
निर्भय होकर आवाज़ उठाते हों,
जहाँ मनुष्य, महामानव बनकर

गरिमा से जीवन व्यतीत करता हो—
वहाँ मुझे जन्म दे, हे भगवान!
ऐसे समाज में मुझे जीने दे, हे भगवान!

1999.

6.फ़ुटपाथ

फ़ुटपाथ....
जब मैं यूँ ही भीड़ के समंदर में बहता चलता हूँ,
कीचड़ में लथपथ बच्चे
वैभव-भवनों के सामने
अनाथ शिशुओं की तरह,
आईनों में तैरते शरीरों की तरह,
झूलती हँसी की डोलियों की तरह
मुक्त होकर तैरते रहते हैं।
हाथ–पाँव रहित वह मानव–खोल
भूख के अथाह समुद्र में गिरकर
सड़क के बीचोंबीच
कछुए-सा तैरने की जद्दोजहद करता है।
फटे कपड़ों से वह अभागा बुज़ुर्ग
खाली पेट की आग के लिए
चौराहे पर पक्षी-सा
अपना गला फाड़कर गाता रहता है।
जहाँ फ़ुटपाथ
जीवन के खुले बाज़ार बन जाते हैं,
जहाँ बाघ को देखे हिरण की दहशत ही
मानव–जीवन बन जाती है,
जहाँ न जाने किस निर्दयी लाठी की चोट से
जीवन भागमभाग दौड़ पड़ता हैं,
किस गली में, किस कोने में,
कौन-से ब्रैकेट, जैकेट,
किस पुराने कपड़े या नए सामान में
जीवन की तमाम रंगीनियाँ
फ़ुटपाथ पर दुकान बनकर सजती हैं।
रोटी के लिए हज़ारों कौशल

यहीं फ़ुटपाथ पर
चिड़िया-नृत्य की तरह थिरकते हैं।
यहीं सड़क को अपना घर मानने वाले
जीवन को आँगन की तरह बिछा लेते हैं,
यहीं जीवन थककर
रात में सो जाते हैं
और दूधिया आकाशगंगा की चांदनी में
ओस की बूँदों-सी भीग जाती हैं।
कौन कहता है
फ़ुटपाथ सिर्फ़ पैदल चलने की राहें हैं?
ये तो चलते जीवन की
सीधी–सच्ची सड़कें हैं;
ये सड़क–जीवन के
सजीव आईने हैं।
कुछ लोगों के लिए वे ज़िंदगी की सीढ़ियां हैं
और दूसरों के लिए ज़िंदगी के दरवाज़े हैं।

1991

7. मन

मन की धुंधली परतों में
धीरे-धीरे रिस आती है
एक गहन पीड़ा।
पक्षी-सा उड़ता हुआ
हृदय की गहराइयों में आ फँसता है,
रस से भरा बादल बनकर
अंतर में तैरता है।
दूरी बढ़ते ही उसका भार
गले में अटककर
मौन पक्षी-सा सिसकता है,
आँसू की हलचल बनकर
वाष्पित हो जाता है।
जीवन की पारदर्शिताओं में
जब उसे कोई देख नहीं पाता—
वह हजार बिखरे बादलों-सा
आशाओं की परिधि बन जाता है।
गीत ही खो चुकी चिड़िया-सा
हृदय शून्य-गोल बन,
जल-बिंदु-सा फूट जाता है।
मन—पर सचमुच मन नहीं—
पतंग बनकर डोर टूटती है,
गन्तव्यहीन होकर
शून्यता में गिर पड़ता है।
लाल तपती रेत पर
किनारे पड़ी मछली-सा

तड़पता है।
शिकारी के तीर से घायल

एकाकी पक्षी-सा
बेतरह झूलता है।
स्मृति—मल्लिका की सुगंध बनकर
ठहर भी जाए,
तो भी मन बादल बन
करुणा-धाराओं में ढह पड़ता है।
अनंत, अदृश्य तटों में खोकर
तारा-रहित नाव-सी
समुद्र तरंगों में बहता है।
जीवन की गहरी परतों में
नीले प्रतिबिंबों से दबकर
आँसुओं की बाढ़ में भीगता है।
रंग-बिरंगे इंद्रधनुष
चाँदनी की झिलमिल में
जल की गति से पिघल
ओझल हो जाते हैं।
मन के घोंसले की नीली परछाइयों में
अंदर का मन आग के दो गोलों की तरह जलता है।
मन—पर मन कहाँ—
हजार चाँदनी-सागरों का भार,
हजार पीड़ाओं की गहरी घाटियाँ बन जाता है।
आँसुओं की धारा में धुलकर
क्या कभी हल्का होगा
रुई के गुबार-सा?
अंततः—निर्मल, शांत, थका हुआ—

धीरे-धीरे विश्राम पाता है,
घोंसले को लौटी अकेली चिड़िया-सा,
दिल की गुफ़ा में
एक नन्ही गौरैया-सा समा जाता है।

8- 3- 1991.

8. ग़ल्फ़ युद्ध

'पायसम की कटोरी को न स्वाद पता, न गर्मी;
बंदूक की गोली को न पुण्य दिखता, न पाप' — एक कहावत।
जब सारी बौद्धिकता कंप्यूटर बनकर रह गईं,
जब सारे दिल प्लास्टिक के खिलौने हो गए,
कौओं-गिद्धों की तरह दानवी बाज़
ज़िंदगियों को नोच-नोच कर ले गए,
जब धरती का पेट छलनी होकर जाल-सा हो गया,
जब शरीर टुकड़ों–टुकड़ों में बिखर गए,
हज़ारों रक्तरंजित लाशों पर
युद्ध अपनी पहरेदारी करता खड़ा रहा,
और दुनिया के सुंदर नक़्शे पर
फिर एक बार खून का ज़ख़्म उभर आया—
तो आज पीछे मुड़कर देखें तो,
हाथ जलने के बाद पत्ते पकड़कर क्या फ़ायदा?
इतिहास बनाने के लिए
एक सिर पर पागलपन का रंग चढ़ जाए,
तो किसे चाहिए मानवता?
राजनेताओं को चाहिए भरा हुआ पात्र—
युद्ध नहीं!
राक्षसी बाज़, मिसाइलें,
और उनका हाहाकार!

सब कुछ मिट जाता है,
सब कुछ समाप्त हो जाता है!
आज बोया गया युद्ध का बीज
कल भविष्य के चेहरे पर दिखेगा ही।
छोटी मछली को बड़ी मछली निगल ले—
यही है तुम्हारी युद्ध-नीति!

जो चाहें बोलने दो!
दिल की गहराइयों में जलती हुई
मेरी हाहाकार की चीख
तुम सुन ही नहीं सकते!
खून और आँसुओं की कीमत
तुम लगा ही नहीं सकते!
डॉलरों की बाड़ लगाकर
मानवता को तुम रंग नहीं सकते!
आज अगर हिसाब लगाएँ—
जीते कौन?
हारे कौन?

(ग़ल्फ़ युद्ध समाप्ति के बाद, दिनांक: 27-2-1991)

9. दीवारें

हमारे हृदयों के भी तो किवाड़ होते हैं,
हमारे मनों में ही तो टेढ़े-मेढ़े मोड़ छिपे रहते हैं,
असल में—दीवारें हमारे भीतर ही खड़ी होती हैं।
पर दीवारों को भला दीवारें क्या समझना?
आँखें होते हुए भी दृष्टि खो बैठी
इस व्यवस्था में, वे सिर्फ दीवारें ही हैं!
कागज़ हैं, क़लम हैं—
फिर भी कौन लिखता है
आँसुओं की वह बिन-सुनी गीत–कहानी?
जब विश्वासों की ही छाया में
सारे विश्वास अविश्वास बनकर बिखर जाते हैं,
जब आने वाले कल के जीवन-पृष्ठ
यहीं आज ही चिरने लगते हैं—
दीवारें केवल दीवारें ही नहीं,
वे इतिहास की पाठ्य–पुस्तकें हैं—
टूटे–बिखरे जीवन–कथाओं की जीवित सच्चाइयाँ।
काल की कठोर शिलाओं के नीचे
दबकर भी अडिग खड़ी रहने वाली जीवन–गाथाएँ,
जीवन के भारी बोझ उठाए
मौन तपस्या में लीन ऋषि–तुल्य मनुष्य।
जीवन से लड़ने वाले हों,
या जीवन को ही खो बैठने वाले—
वे अक्षरों की तरह,
अग्निकणों की तरह
इस समग्र विश्व–प्रांगण में
गीत बनकर, पल्लव बनकर,
जीवन–राग बनकर

जब वे क्रूस पर चढ़े मसीहों की तरह
बलिदान बनकर ढह जाते हैं,
तब हम जो गीत लिख नहीं पाते—
उन सभी के अक्षर–प्रतिरूप बनकर
दीवारें हमारे सामने खड़ी हो जाती हैं।
हम सिर झुकाएँ या आँखें उठाएँ—
हर दिशा में दिखाई देने वाले
वे कठोर, निर्विकार सत्य ही दीवारें हैं।

1991.

10. जीवन

कष्ट को आँसुओं से धो डालें—
यही जीवन।
समय को रक्त से धो डालें—
यही संघर्ष।
टूटकर गिरती उल्काओं को पकड़ने की
तड़प ही आशा है।
आज के क्षणों को
टुकड़े–टुकड़े काटकर रख दें तो—
कल की सुबह जन्म लेती है।
बर्फ़ की तलवार पर चलकर
हिमालय की चोटी तक पहुँचने की चाह—
यह भी एक दुराशा ही है।
जब समूचा मुख–मंडल
सूक्ष्म कणों में बदलकर
झनझनाती चुभन देने लगता है,
तब नया पैसा,
रुपये के सिक्के,
और नोटों की गड्डियाँ—
जीवन के उत्तेजक बन जाती हैं।
सड़क फिसलती है मनुष्य को ढोते हुए,
मन फिसलकर चेहरे को ढँक लेता है।
पैसा—पैसा ही पैसों के बच्चे पैदा करता है।
पैसा ही दिलों को, इंसानों को
टुकड़े–टुकड़े कर देता है।

और वही पैसा
सीने पर रखी भारी चट्टान बन जाता है।
फिर हत्या हो या आत्महत्या—

अंत में बचता क्या है?
बस एक लंबी निःश्वास, एक गहरी आह।

31–3–1991

11. प्यास

प्यास!
क्या चाहिए?
पद चाहिए।

प्यास!
क्या चाहिए??
पैसा चाहिए।

प्यास!
क्या चाहिए???
कीर्ति चाहिए।

तो फिर—
अपनी प्यास बुझाने के लिए
एक अँधेरा रास्ता है,
और एक राजमार्ग भी है।

कौन-सा रास्ता चाहिए तुम्हें?

अँधेरा रास्ता ही चाहिए!

तो फिर—
तुम्हारी प्यास कभी नहीं बुझेगी!

30-8-1993.

12.भाव–कुसुम

भाव, बीजों की तरह
मेरी नस–नस में घुलकर
मेरे भीतर अंकुरित होता है।
हर कण में मुझे चीरते हुए,
माँ की कोख से
लात मारते हुए बाहर आने वाले
नवजात-सा फूटकर बाहर आता है।
हल की नाल में धरती को चीरती लोहे की नोक जैसे चलती है
वैसे ही हृदय की गहराइयों में भावना दृढ़ता से स्थिर हो जाती है
किस फावड़े से खोदूँ मैं इस जीवन को?
किस कुएँ में झाँकूँ मैं अर्थ की एक बूंद के लिए?"
परसों के स्वप्न को, बीते कल की आँसू–बूंदों से मिलाकर
मैं आने वाले कल के भविष्य पर
एक नया कैनवास रच रहा हूँ।
स्वप्न अभी बिखरता नहीं,
और भावना भी अब तक स्थिर रूप नहीं ले पाई।
अब भी मैं लड़खड़ाते हुए, टटोलते हुए—
इस सूखी ज़िंदगी में सार क्या है,
इसी प्रश्न से
हर एक आँसू-बूँद
अपने भीतर से टपकाता है;
और वही भावना
मेरे हृदय की गहराइयों में
अब भी मुझे क्रूस पर चढ़ाती रहती है।
आँसुओं की कीमत भला कौन देता है?
कितनी हथौड़ी की चोटें खाकर
जीवन आकार लेता है?

यदि मैं स्वयं को
टुकड़े–टुकड़े कर
फिर से समेट लूँ—
तो मैं एक भाव–कुसुम बनकर खिल उठता हूँ,
और एक जागृत स्वप्न बनकर
प्रभात के साथ उदित होता हूँ।

30-8-1993

13. तुम – मैं

तुम धरती हो,
मैं आसमान —
क्या हम कभी मिल पाएँगे?
क्षितिज के उस पार
जब गहराई से सीधा देखते हैं,
समय की अंतिम सीमा के उस ओर
सिर्फ़ एक कल्पना-रेखा की तरह ही मिलते हैं।
कभी–कभी
सात रंगों का इंद्रधनुष
हम दोनों के बीच
एक सेतु-सी कड़ी बाँध देता है।
पर शायद वह भी क्षणिक ही!
जब सूरज और बारिश की बूँदें
एक-दूसरे से मिल जाती हैं,
तो धुंध या भ्रम की तरह
वह सेतु भी पिघल जाता है।

और फिर —
तुम, तुम ही रहते हो।
मैं, मैं ही रहता हूँ।

1993

14. शिकार

खरगोशों और हिरणों का
शिकार बाघ किया करता था।

बाघों और हिरणों का
शिकार मनुष्य करता था।

आज न हिरण बचे हैं,
न बाघ बचे हैं।

ज़िंदगी ही जंगल बन गई—
और अब
मनुष्य ही
मनुष्य का
शिकार कर रहा है।

1993.

15.देशभक्ति

तुम अपने धर्म से प्रेम करो,
अपने भगवान की उपासना करो—
भक्ति तुम्हें चाहिए, मैं मना नहीं करता।
पर तुम्हारे धर्म से भी ऊपर,
तुम्हारे भगवान से भी ऊपर
तुम्हारा देश महान है।
तुम्हें देशभक्त होना चाहिए।
तुम इंसान हो,
शून्य में नहीं जी रहे,
किसी निर्जीव ग्रह पर नहीं जी रहे—
तुम इस धरती–मां की गोद में ही जी रहे हो,
जो तुम्हें भोजन, वस्त्र और आश्रय देती है।
क्या कोई अपनी मां का हाथ काट सकता है
जो उसे भोजन देती है?
क्या कोई उस मां की छाती काट सकता है
जो उसे दूध पिलाती है?
क्या कोई अपने भाई को, बहन को,
मां को, बेटी को, बेटे को
निर्दयता से मार सकता है?
जो यह भोजन, वस्त्र और छाया देने वाली
विस्तृत धात्री है—
क्या उसे बमों से,
विनाशकारी हथियारों से भर दोगे?
जिसने मानवजाति के पूरे इतिहास में,
खून से सनी रोटी खाई
वह सदा देशद्रोही ही कहलाया।
इतिहास देशद्रोहियों को क्षमा नहीं करता।
धर्म को अच्छाई सिखानी चाहिए,

मानवता सिखानी चाहिए,
समता सिखानी चाहिए,
शांति सिखानी चाहिए—
पीड़ितों के आँसू पोंछना चाहिए।
तुम्हें धर्म चाहिए—मैं मना नहीं करता,
पर धर्म से भी बड़ा,
भगवान से भी बड़ा
देश है।
तुम्हें देशभक्त होना चाहिए।

7-9-93.

16. विच्छिन्न-क्रिया

व्यवस्था टूटती जा रही है,
मानो फटा हुआ तुड़तुड़ा फल की तरह बिखर रही हो।
जाति, वर्ग, धर्म के नाम पर
ज़िंदगी दरकती जा रही है।
सड़ी–गली राजनीति की
शव–पेटी को ढोने के लिए
लोग सबके सब—
झुंडों में, समुदायों में, समूहों में
कतार पर कतार बनकर
तैयार खड़े हैं।
धर्म को अलग रख दो,
अब तो शासन करने वाली
सिर्फ़ जाति ही होगी।
हर व्यक्ति का एक संगठन,
हर गली की एक समिति—
एक साथ रहना नहीं,
बल्कि बिखर–बिखर कर रहना।
"मेरे लोग—तेरे लोग",
"हमारेवाले—आपकेवाले",
छुओ मत, पास मत आओ—
यही नारा!
शायद इतिहास में
कभी न देखा, कभी न सुना
इतना विराट राजनीतिक नाटक

बीसवीं सदी के अंतिम मोड़ पर
तेज़ी से आगे बढ़ रहा है।

2-2-1993.

17. परिवर्तन ही उसका निर्णय

हवा को बाँध लेना — अविवेक है।
अग्नि का विनाश कर दूँगा कहना—अज्ञान है।
अणु को तोड़ो तो — विस्फोट ही होगा।
शून्य से भी प्रसारित होती है — केवल प्रकाश।
दहकते रेगिस्तान में भी उठते हैं रेत के तूफ़ान,
हवाओं की रफ़्तार से चलती हैं भयंकर आँधियाँ।
गरजते समुद्र भी उफानों में बदल जाते हैं—
घर्षण से ही जन्म लेते हैं अंगारे।
रगड़ से ही मजबूत होता हैं जीवन,
अंधकार में चलना न सीखो तो
कल की भोर नज़र नहीं आती।
कष्टों के समुद्र को पार न करो तो
कल का किनारा नहीं मिलता।

इतिहास एक ही सबक सिखाता है—
परिवर्तन... वही उसका निर्णय।

1994.

18.अलीशेट्टी प्रभाकर की स्मृति में

समय की काग़ज़ी पालों वाली नाव में
अक्षरों को आवाहन करते हुए
किसने झाँक कर देखा है तुम्हारा हृदय?
लिखने के लिए कलम को अक्षर-शिल्पी बनाकर,
समाज की सिज़ेरियन करने को तैयार
तुम्हारे दिल की पीड़ा किसने सुनी है?
जब भूख आँतों को जलाती रही,
मुद्राओं की दुनिया में
एक सरसों के दाने पर अनंत सत्य को प्रकट करने
तुमने झेली वे यातनाएँ—
किसे मालूम हैं?
मंज़िल का पता न होने पर भी
डगमगाती कविताई कबूतरों की धुँधली राहों में
तुम्हारे सटीक, स्पष्ट शब्द-चित्रों को
किसने देखा है?
दिलों से रक्त बहा हो
और जीवन में रक्ताक्षरों से लिखना पड़ा हो,
तुम्हारे अक्षर-शिल्पों की क़ीमत
कौन-सा कलाज्ञानी लगा सकता है!
किसके लिए रोए तुम?
किसके लिए आशा की?
सूख चुके, मुरझाए वृक्ष की तरह
जीवन की हरियाली खोते हुए—
क्या अपने पत्नी-बच्चों के लिए भी
तुम बचे रह पाए?
कहते हैं—कवि तो
मरने के बाद ही जीता है,

और सचमुच तुम भी
मरने के बाद ही अच्छी तरह जिए।

तुम्हारी चिता-भस्म पर आँसू बहाने वाले
कितने ही लोग आए,
कितने आत्मीय—कितने अनजान—
और कितने ऐसे
जिन्होंने तुम्हें कभी पहचाना ही नहीं!
मेरे पास लिखने को क्या है?
जिस दिन तुम इस दुनिया में नहीं रहे,
तुम्हारे अक्षर-शिल्पों को पकड़कर
तुम्हारे हृदय की गहराइयों में उतरने के लिए
मैंने अपने भीतर ही
एक गहरा कुआँ खोद लिया।
तुम्हारी कविता-चित्रों का
हर भाव — एक अनंत सत्य है।
इस साहित्य-जगत में अब और क्या बचा है?
व्यक्तिगत बातों को याद करते हुए,
साहित्यिक मंचों पर एक-दूसरे को कोसते हुए,
आज कहाँ है ''साहित्य-दिक्सूची''?
वाद-विवाद सब
काग़ज़ी दीवारों पर चढ़े
चीखते खोखले स्वर बन गए हैं।
रिश्तेदार, हितैषी, मित्र—इन सबके नाम पर समय की सीढ़ी लगाकर,
हाथ में तुरही पकड़े कवि और लेखक साहित्य-पालकी को बोइयों की तरह ढोते हुए,
प्रशंसा की धुंध में तैरते हुए भीड़ की ओर बढ़ते जा रहे हैं।
नए-नए ''सम्राटों' को गढ़ते हुए,
मूल्यहीन लेखकों, विदूषकों, बिचौलियों को ढोते हुए,
पत्रिकाएँ उन्हें अपने कंधों पर उठा रही हैं।
बिना पाखंड के कोई मंच नहीं बचा,
दोहरी ज़बान से चल रहा है साहित्य का रथ।

ओ बिछुड़े मित्र! लिखने को बातें बहुत हैं
पर आज तेरी स्मृति में विलीन होकर
ये कुछ अक्षर ही अर्पित कर रहा हूँ।

12-1-1994

(अलीशेट्टी प्रभाकर की पहली पुण्यतिथि पर। अलीशेट्टी प्रभाकर एक पेंटर, फोटोग्राफर और प्रोग्रेसिव तेलुगु लेखक थे। लंबी बीमारी के कारण 39 साल की उम्र में उनका निधन हो गया।).

19. एक-वाक्य कविताएँ.

1.रेतीले टीलों के उस पार से देखा—तुम्हारी आँखों ने दूर ही से मुझे धीरे-धीरे एक्स-रे कर लिया।

2. पलक झपकते ही तुम्हारी छवि मेरी आँखों की रेटिना पर किसी स्थिर फोटोग्राफ की तरह अंकित हो गई।

3. तुम्हारी आँखों की दहलीज़ में रोशनी भी है, कमल भी—मुझे उजाला देने के लिए।

4. तुम्हारी पलक के भीतर का नीला समंदर मुझे अपनी ओर खींचकर बुला रहा है।

5. मैंने समय की तस्वीरें खींचीं—हर फ्रेम में तुम ही थी; अब एक दृश्य-काव्य लिखना बाकी है।

6. पूरे सन्नाटे में—और उसकी तहों में भी—सिर्फ तुम्हारा ही नाम गूंज रहा है।

7. नया वसंत फिर आया; सोचा तुम आओगे—पर तुम नहीं आए। अब वसंत कहां बचा?

8. आसमान मुझे देखकर व्याकुल हो उठा,
धरती ने मुझे माँ की तरह सहलाया,
जब तुम मेरे पास नहीं थे।

9. आईने में झाँका—आईना मुझे देखकर दया से मुस्कुरा उठा, जैसे कह रहा हो: कितने मासूम हो तुम।

10. मैं भँवरे की तरह आया—पर फूल देखे बिना ही लौट गया; अब पूरे जंगल में खोज करनी होगी।

1994.

20. ज्ञान-वृक्ष

यह वृक्ष समय में अपनी जड़ें जमाए, पीढ़ियों से अडिग खड़ा है।
इसकी सभी शाखाएँ और उपशाखाएँ विस्तृत विश्व के विविध अंग हैं।
इन शाखाओं पर बसे पक्षी—वो सभी कवियों के समूह हैं।
इसकी पत्तियों की सरसराहट—भाषाओं की धीमी फुसफुसाहट है।
इस वृक्ष पर खिलने–फलने वाले हर फूल—कवियों की बुद्धि के फल हैं।
और इन्हें ग्रहण करके रसास्वाद करने वाला अमृत-जीवी—
वही है सच्चा मनुष्य।

13-6-1994.

21. समुद्र पर

समुद्र पर जब सूर्य अपनी भीषण तपिश का प्रताप दिखाता है,
जल काँप उठता है, घबरा जाता है, भाप बनकर
बादल में बदलता हुआ
आकाश के मार्ग पर उड़ निकलता है।
बेतहाशा भटकता वह बादल
थककर विश्राम पाने को
फिर उसी समुद्र की गोद में
बारिश बनकर लौट आता है।
सूर्य को फिर से आना होगा—
अपनी किरणों के कोड़ों से
समुद्र की देह पर चोटें बरसानी होंगी;
तभी नए बादल-शिशुओं के जन्म के लिए
समुद्र स्वयं को तैयार करता है।

1994.

22. तितलियाँ

अक्षरों पर
मैंने चमकीले बिंदु काढ़े—
ताकि वे झिलमिलाते दिखाई दें।
उन पर नगीने तराशे
ताकि वे और नाज़ुक, सुंदर लगें।
फूलों को सजाया
ताकि उनकी सुगंध चारों ओर फैल जाए।
फिर भी...
लोगों ने कहा—
फ्लावर वाज़ तो फूल ही है!
अक्षरों को
मैंने अपने हृदय-गृह में
एक चिड़िया की तरह सहेज कर रखा।
और भावों के नन्हे बच्चे—
तितलियों की तरह
उड़कर बाहर आ गए!

1994

23.मनुष्य — मौन समुद्र

अख़बार के पन्ने से उठी एक लहर
अचानक उफनकर मेरे हृदय से टकराई।
हज़ारों कंपनों
से हृदय हिल उठा,
टुकड़े–टुकड़े हो गया।
जिसके पास कुछ नहीं—वही ऊँची आवाज़ में चिल्ला रहा है;
और जिस मनुष्य में महासागर-सा गाम्भीर्य है
वही मौन दिखाई देता है।
तभी एक प्रतिघात की तरह
हृदय में हलचल जन्म ली;
क़लम सरपट भागी,
काग़ज़ की देह पर झुककर
अक्षरों को चमका गई,
और वे अक्षर
कविता बनकर बैठ गए।

1994.

24. डायरी

अक्षर पथिक बनकर चलते हैं—
समय की चौकियों पर ठहरकर
भावनाएँ नदियों की तरह बहती हैं
और कागज़ के पन्नों की गोद में डोलती रहती हैं।
मानव के सारे व्यवहार
कृत्रिम, यांत्रिक हो गए हैं;
प्रेमविहीन, मिलावटी जीवन में
हृदय टूटकर बिखर जाता है—
तब अक्षरों के सत्य
कागज़ की गोद में शरण लेकर
साँस लेते हैं, विश्राम पाते हैं।
कौन है यहाँ? कौन रहेगा?
हर कोई अपने-अपने अकेले द्वीप पर
अँधेरे में तड़पते हुए जब जी रहा होता है,
तभी भावनाएँ पंख फैलाए मोर की तरह
विस्तार पाती हैं—
हज़ारों भाव-कुसुमों की सुगंध बनकर
कागज़ के हृदय में उभर आती हैं।

कविता लिखना हो, या कोई काव्य—
क्या यूँ ही सहज निकल आता है?
कबंध राक्षसों की दुष्टता से
पंख टूटी चिड़िया की तरह
तड़पकर ही मन विश्राम पाता है।
जब हर कोई जीवन का कीचक बन जाए,
दु:खों से भरा अस्तित्व सौंपने वाला
सैडिस्ट ही रह जाए—
जब वेदना हृदय को निचोड़ दे,

अनुभूतियाँ मन को हिला डालें,
भावनाएँ ततैया की तरह
चारों ओर भड़क उठें—
तब उन सारी पीड़ाओं को पीते हुए
सहारा देने वाली,
माँ की तरह थामने वाली—
वही डायरी।
आँसू जैसी निर्मल,
माँ के दूध जैसी पवित्र—
डायरी का हृदय।

25. पिटी यू!

जूते की जोड़ी से लेकर कॉस्मेटिक्स तक, पूरा भारत का बाज़ार
बेहद महँगा, आकर्षक और बहुराष्ट्रीय मार्केट बनकर बैठ गया है।
अब तो टीवी स्क्रीन पर भी हम अपनी ही आँखों को धोखा दे सकते हैं।
सुबह सात बजे शुरू होता है,
नरम दाढ़ी को रास्ता दिखाने वाला —यही ब्लेड, यही क्रीम।
ऊर्जा झलकाने के लिए—यह चाय, यह कॉफ़ी, यह पाउडर,
बेबी-सॉफ़्ट साबुनों की चमक,
डिटर्जेंटों की चमचमाहट,
इत्रों की महक—सब कुछ तैयार है।
तुम्हारे दाँत चाँदी-से चमकें—
इसके लिए ये ब्रश, ये पेस्ट—
चाहे तुम किसी कच्चे देहात के ही क्यों न हो,
इनके आगे सिर झुकाना ही पड़ेगा।
आराम से हर्लिक्स, बॉर्नवीटा पी सकते हो,
बिस्कुट और चॉकलेट मीठे-मीठे खा सकते हो।
ठंडे पेय मादकता की तरह देश के गाँव-गाँव तक बहते हुए
अँगूठा गवाह रखकर तुम्हें परास्त कर देंगे।
आइसक्रीम, खाना बनाने का तेल, नमक के पैकेट, माचिस, पंखे, बैटरियाँ, रेडियो, टीवी,
कंप्यूटर, कारें, पेन, कागज़, रेडीमेड कपड़े—
बाज़ार में ऐसी कोई चीज़ नहीं जो न मिले।
नब्बे करोड़ों की भारत-भूमि साक्षी है—
हम बहुराष्ट्रीय प्यास में पूरी तरह डूब गए हैं।
अब दवाइयों की बात करो तो आसमान के तारे दिखते हैं,
और खाने के दाने के लिए विशाल दुनिया खंगालनी पड़ती है।
एक दिन ऐसा भी आ सकता है—
जब बड़े-बड़े विज्ञापन और होर्डिंग्स आएँगे

कि "यह ब्रांड गेहूँ, यह ब्रांड चावल खाइए—

स्वास्थ्य के लिए उत्तम है!"
और हमें ज़रा भी आश्चर्य नहीं होगा।
कभी स्वदेशी के लिए लोग जान दे देते थे,
आज विदेशी के लिए जान दे रहे हैं।
अब " पिटी यू!" कहने वाला कौन है?

1994.

26. अक्षर सत्य

"कवि" – जलती हुई और प्रकाश फैलाने वाली स्वयं की ज्योति, जीवन की भट्टी में तराशा गया हीरा।

"काव्य" – जीवन को छानकर निकाला गया अनुभव का सार।

"जीवन" – जितना भी खोदो, कभी न खत्म होने वाला स्रोत, जिसकी गहराई अनंत है।

"सत्य" – वास्तविक और अमर, आकाश की तरह विस्तृत और पृथ्वी की तरह स्थिर।

1995

27.कवि बनकर

कवि बनकर
अक्षरों की माला थामे
निर्मल अनुभूतियों को
पक्षियों के घोंसलों-सी सुंदरता से बुनना चाहा था।
कवि बनकर
आम के पेड़ की डाली पर बैठकर
प्रकृति में लीन होकर
कोयल की तरह कविता-गान करना चाहा था।
कवि बनकर
लोगों के बीच खड़े होकर
उनके हृदयों में सीधे उतरने वाले
शब्द-गीतों को फूट पड़ने देना चाहा था।
कवि बनकर,
रवि बनकर
इस संसार को सूर्य-तेज से भर देना चाहा था।
परन्तु...
कौओं की दुनिया में
कोयल बनने की चाह रखने वाला मैं
अकेला रह गया।
कविता का वसंत नहीं आया।
कोयल-सा गा न सका।
अकेले कौवे-सा काँव-काँव भी न कर सका।
जब मैंने स्वयं को ही छल लिया—

तभी जाना कि मैं कवि हूँ

और मौन साध लिया।

1995

28. आत्महत्या सदृश

आशा मुझे पकड़कर खींचती है—
सबकी तरह जीने को,
लेकिन मुझे पता है—
सोने की तरह चमकना हो तो
आग में जलना ही पड़ता है।
ज़िंदगी में आगे बढ़ते हुए
समझ आया। कि
पैसा ही इस संसार का ईंधन है।
धन की प्यास, प्रसिद्धि की प्यास—
भले ही वह गलत रास्ता क्यों न हो,
आगे बढ़ते जाओ…
यही समाज कहता है।

पर मुझे तो यही समझ में आया
कि सच्चाई से जीने पर ही
मैं सच में इंसान हूँ।
लेकिन मूर्खों को उत्तर देने की बेचैनी में,
उत्साह और आवेश में
तेज़ बहती नदी की तरह
अगर आगे बढ़ूँ,
तो कोई न कोई बाँध लगाकर रोक देता है।
ज़िंदगी में शांति कहाँ है?
हर कोई प्रसिद्धि के लिए तड़पता है,
प्रशंसा के लिए प्रतीक्षा करता है,
दिल में ज़हरीले तीर छुपाए,

भेड़ की खाल में भेड़िये बनकर,
खोखले दिल से

न होने वाली चीज़ को 'है' मानकर
आगे बढ़ता जाता है।
ऐसे में
थोड़ा-सा इस दुनिया को देखो
तो दया आने लगती है।

1995.

29. बच्चे

बच्चे—
उड़ते पतंगों जैसे, शरारती चाँद के टुकड़े,
पाप क्या, पुण्य क्या—कुछ भी न जानने वाली
मुस्कानों की मधुर लहरें!

कष्ट क्या, आँसू क्या—कुछ भी न समझने वाले,
निर्मल हृदय… भगवान के ही प्रतिरूप!
बच्चे—
आनंद की झूमरें, उल्लास के गीत,
ज़िंदगी की ऐक्वेरियम में खेलती
मनमोहक नन्ही मछलियाँ।
बच्चे—
चाँदनी की किरणें,
माँ-बाप के हृदयों के आभूषण।
आसमान के चाँद को,
पेड़ पर बैठी चिड़िया को,
ज़मीन पर खिले घास के फूल को,
हवा में उड़ती तितली को—
हल्के से दिल अर्पित करके
प्रेम से निहारने वाले।
बच्चों के बिना दुनिया की कल्पना करो—
बचपन के बिना जीवन की कल्पना करो—
तो जीवन में न स्वर्ग बचता,
न जीवन का कोई अर्थ।

1996.

30. मनुष्यों को पेड़ की तरह फैलना चाहिए

मनुष्यों को पेड़ की तरह फैलना चाहिए,
लेकिन बरगद का पेड़ नहीं बनना चाहिए।
नदी रुक जाए तो क्या वह नदी की गलती है?
रेगिस्तान में भी अमृत-धारा जैसी
ओएसिस दिखाई देती हैं।
नदी के प्रवाह को रोका जा सकता है,
पर नदी के जन्मस्थान को मिटा देना किसी के बस में नहीं।
गंगा हो, सिंधु हो, या गोदावरी—
उन्हें किसने पैदा किया?
नदी अपनी राह पर,
अपने ही वेग से
अविराम दौड़ती रहती है।
ज़रा-सी देर आँखें बंद कर लो—
तब मनुष्य नहीं बोलता,
मन बोलता है।
कितनी ही बाधाएँ,
कितनी ही अशुभताएँ,
कितने ही अवरोध—
सब पार करके ही तो जीवन आगे बढ़ता है।
मनुष्य को छूओ तो कच्चे लहू-सी गर्माहट महसूस होनी चाहिए,
पर हाथ बढ़ाकर उसे पाने चलो—तो सामने आने वाले कितने ही लोग!
ज़िंदगी अपनी-आप को
फैलाती रहने वाला विशाल संसार—
दूरी से दूर हो सकता है,
समय से दूर हो सकता है,
लेकिन क्या वह मन से दूर हो सकता है?
कुछ बचा लेने वाले से अधिक,
कुछ भी न बचाकर जाने वाला ही सच्चा कवि, सच्चा मनुष्य!

कवि को कवि पहचानने से
ज़्यादा ज़रूरी है—
कवि के मनुष्य रूप को पहचाना
फूलों के पेड़ों की तरह
कविताओं के फूल खिलवाने हों तो
मिट्टी का जीवन जीना होगा,
हवाओं की मार सहनी होगी,
समय की ठोकरों के सामने
अडिग खड़े रहना होगा—
तभी कविता जन्म लेती है!
कवि को आँखें होनी चाहिए, और कवि की कलम को ज़बान होनी चाहिए।
सिर्फ आँखें होंकर कलम की ज़बान न हो—
तो ऐसा कवि पागलों के स्वर्ग में एक मौन सागर जैसा होता है
समुद्र में पत्थर हैं या रत्न—
समय बताएगा।
किसी का भी जीवन हो—
उसकी कलम ही उसकी साक्षी।

1996

31. अक्षर

अक्षर ने कई बार मुझे रोक दिया।
वह मेरे हृदय को जलाते हुए
अग्नि-जलप्रपात की तरह बरसी।
भेड़ों की तरह सिर झुकाकर चलो—
ऐसा कहने वाली दुनिया के सामने
जब-जब मैंने प्रतिप्रश्न किया,
मेरे दिल में घाव बनते गए।
और उन घावों की दवा
मेरे लिए सिर्फ अक्षर ही रहे।
जब घावों की लहरें
हृदय में उफनती थीं,
अक्षरों के सैनिक
कवायद कदमों से आगे बढ़कर,
दिल की दीवारों को लांघकर,
कलम को झरने की तरह दौड़ाते हुए
अविनीतियों के विरुद्ध
युद्ध करने को पुकारते थे।
अक्षर—
अयोग्य के हाथ में पड़े तो अधम बन जाता है,
योग्य के हाथों में पड़े तो
चिंगारी की तरह भड़क उठता है,
अग्निकण बनकर धधकता है।
अवनीतियों पर युद्ध करने के लिए,
अक्षरों से खेलने के लिए—
यही तो मेरा जीवन है।

24- 2- 1996.

32. अनुभव

अनुभव ने
आँसू दिए
कविताएँ दीं।
क्या इन्हें छोड़कर मैं जी सकता हूँ?
कभी–कभी कोई न कोई
दिल में घाव कर के चला जाता है।
उन घावों की दवा—
मेरे बहते आँसू,
और मेरी कविताएँ ही।

जब अनुभवों की आँधी
सीने पर चोट करती है,
तब दिल धुलने लगता है,
आँसू बरसने लगते हैं,
कविताएँ झरने लगती हैं।
अनुभवों का निचोड़ ही,
आँसुओं का सार ही—
कविता होती है।

24- 2- 1996.

33. शहर

गाँव की गलियों को पार करके जब शहर में कदम रखते हैं,
जनसमुद्र की हलचल में जीवन एक तेज़ रफ्तार की तरह प्रतीत होता है।
जैसे कठोर सतह पर रखी मछली पानी में लौटना चाहती है,
वैसे ही फिर से गाँव की गोद में लौटने की लालसा जाग उठती है।
शहर में, अपनी कृत्रिम व्यवस्था के बीच,
दिल अकेलेपन में स्नेह के लिए तड़पता है।
जहाँ भी देखें, हर कोई एक अकेला द्वीप है।
किसी के हृदय की गहराई में झाँकें तो भी,
उनकी उपस्थिति और स्मृतियों के सभी अवशेष गाँव के घेरे में समा जाते हैं।
पिंजरे में जीने का भ्रम पालने वाले शहरवासियों के लिए,
शहर एक स्थिर अपार्टमेंट है।
हवा, पानी, स्वतंत्रता — जो गाँव की सीमा में मुफ्त मिलती हैं
वो भी शहर में बिकती हैं।
पेड़ पर तो चिड़िया ही क्यों न हो,
पूरा चाँद ही क्यों न हो,
जीवन के प्रतिबिंब अब कृत्रिम रंग-
बिरंगे टीवी की तस्वीरों में देख कर ही संतोष करना पड़ता है।
शहर कृत्रिम है,
जैसे निर्जीव शोकेस का खिलौना,
जैसे कागज़ के फूल!

1996.

34. जीवन

समय को मथानी बनाकर
मैंने जीवन को मथ डाला।
उस जीवन से
'मित्रता', 'प्रेम', 'लगाव' और 'घनिष्ठता' निकले।
लेकिन—
'पैसा'
इन सबको निगल गया।
कितना अच्छा होता
अगर कोई
सच्चा हृदय वाला संवेदनशील इंसान मिल जाता!

16- 08- 1996.

35. सिनेमा -कल्चर

ज़िंदगी का पैमाना
अब सिनेमा ही बन गया है।
जिस दिशा में देखो , जिस चैनल में देखो

आँखें खोलो, आँखें मूंदो—
हर तरफ बस फ़िल्मी मायाजाल।
गाँव से लेकर शहर तक
फ़िल्मी शौक, फ़िल्मी परदे।
हँसी का सरताज़,
सेंटीमेंट का सिकंदर—
हमारा हीरो।
नवरसों से रंगी
खूबसूरत परियों-सी
हमारी हीरोइन।
जीवन में कोई मूल्य ही न हों—
बस दिखावा, ऊपरी चमक।
एक ही बात में कहें तो—
टीवी
हमारे समय को, हमारी ज़िंदगी को
चाट जाता है।
नाचो, गाओ, रोओ, कूदो—
हमारा आदर्श
फ़िल्म ही है।
फ़िल्मी मायाजाल में—
कवि भी फ़िल्मी कवि,
लेखक भी फ़िल्मी लेखक,

नेता भी फिल्मी अभिनेता।

बकवास में भी
अगर बूस्टिंग दिख जाए
तो वही बन जाता है महान।
वरना—
अतृप्त ज़िंदगियाँ।
भाषा का क़त्ल करने वाला भी—
हीरो ही कहलाता है।
और उसकी प्रशंसा करने,
मालाएँ चढ़ाने के लिए
कला संस्थाओं की लंबी कतारें।
अगर ईमानदारी, सच्चाई हो—
तो वह गिनती में ही नहीं।
नई नव-सभ्यता—
फ़िल्मी बातें, फ़िल्मी गाने,
फ़िल्मी कल्चर।

18–8–1996

36. अगर परदा उठाएँ तो...

अगर परदा उठाएँ तो...
मिलावटी कहानियों की
फ़िल्मी फ़सल के लिए—
दो उभरी आँखें,
एक मुट्ठी नाज़ुक कमर,
थोड़ी सी खुली नाभि—
इतना दिखा दिया कि
पैसों की बरसात न होगी क्या?
बारह साल के किशोर से लेकर
झुर्रियों से भरे बूढ़े तक—
सबके लिए वही
कपड़े गिरने वाले दृश्य
सबसे बड़ा आकर्षण।
आशय किसका होता है?
पैसे की भूख ही न!
पूरी स्क्रीन के सामने
सिर्फ़ आंखों को तृप्त करने के लिए ही तो
*पावलोव के पिल्लों की तरह
लार टपका रहे हैं लोग।
परदा उठते ही
हीरो आते हैं— सीटियाँ बजती हैं,
हीरोइन आती है— देह पर फुहड़ टिप्पणियाँ उड़ती हैं।
अब
आँखें खोलकर
सब कुछ देखना पड़ेगा।
* पावलोव – रूसी मनोवैज्ञानिक।

1997

37. स्वर्ण भारती

हे राम!
अब तो 'स्वामी' शब्द भी
'स्कैम' जैसा सुनाई देता है।
राजनीतिक रंगमंच में
जहाँ भी नज़र डालो—
सिर्फ़ सत्ता की लालसाएँ,
भटकी हुई राहें ही राहें!
किसे चाहिए अब मूल्य?
'किस्सा–कुर्सी' के खेल में
सब कुछ सिर्फ़ नाटक ही नाटक!
जब भजन–कुशल लोग,
बड़े प्रभुजन,
और सत्ता–सेवक
मोहरों की तरह सबको चलाते हैं—
तो इस धरती को सँभालने
कितने कृष्ण आएँगे?
हे प्रभु!
अयोध्या का राम भी
अब तो एक राजनीतिक आवश्यकता बन गया है!
अब भी
'स्वर्ण भारती' को देखना बाकी है।

19-8-1997.

38. नज़रें ठगी जा रही हैं

नज़रें ठगी जा रही हैं—
जैसे उँगली उठाकर सवाल करने वाले
अब इंसानों में बचे ही न हों,
जैसे पूछने का हक़
किसी के पास ही न रहा हो।
नज़रें... ठगी ही जा रही हैं।
आँखें अब तो
दासता में सिर झुका रही हैं।
छोटा टीवी, बड़ा सिनेमा—
दोनों ही भड़काऊ बनकर
आँखों को मदहोश कर रहे हैं,
और नज़रें
अब भी ठगी जा रही हैं।
पूरी मानवता
करेंसी नोटों पर
कबरे नृत्य कर रही है।
मूल्यों को, मर्यादाओं को
छोड़ देने वाली देह–व्यापारियों को
क्या पता?
अंगों को सुन्दर बनाकर और उन्हें उभारकर पर्दे पर दिखाने वालों को
क्या पता कि समाज कितना कलुषित होता जा रहा है।
जब अख़बार
दिगंबर बनकर
पाठकों के दिमाग़ छलनी कर रहा हो—
जब चैनलों की चकाचौंध
आँखों के भीतर भरकर
समय को, ज़िंदगी को ही
चबा रही हो—

तब भी
नज़रें... ठगी ही जा रही हैं।
इस देश में
कौन-सी प्रगतियाँ हैं
दिखाने, गिनाने को?
मध्यमवर्ग की फीकी मुस्कान के बीच—
अंतरराष्ट्रीय सौंदर्य–महिलाओं की
गवाही के बीच—
ज़िंदगी खुद
एक 'शरीर–सौंदर्य प्रतियोगिता' बन गई है।
विश्व–सुंदरी बनने से क्या?
पूरी स्क्रीन के सामने
वह सिर्फ़
चलायी जाने वाली गुड़िया,
नचायी जाने वाली कठपुतली ही बन रही हो—
तो...
नज़रें अब भी
ठगी ही जा रही हैं।

1998

39. कीर्ति

कीर्ति सुन्दर है,
कीर्ति बुद्धिमान है—
कीर्ति चाहिए,
कीर्ति आए,
कीर्ति मिल जाए—
इन्हीं आकांक्षाओं में
अठारह वर्षों तक
मैं कीर्ति के पीछे भागता रहा।
लेकिन...
'कीर्ति' मिली ही नहीं।
कीर्ति तो
चंचल मन वाली एक लड़की जैसी—
किससे प्रेम करना है
उसे खुद ही नहीं पता,
और शायद
उल्टे लोगों से ही प्रेम कर बैठती है!
इसीलिए
कीर्ति पाने,
कीर्ति बुलाने की
अपनी चाहत
मैंने छोड़ दी।
अब हृदय
पूरी तरह संतुष्ट है।

अब मेरी शक्ति,
मेरी पहचान,
मेरी कीर्ति—
मेरी कलम ही है!

कभी न कभी
मेरी कलम को प्रणाम करके
शायद वही कीर्ति
मेरे दरवाज़े पर दस्तक दे!
आशा मरती नहीं—
और सच कहूँ—
कीर्ति सचमुच
कितनी सुन्दर है!

1998

40. प्रकृति की गोद में

सुगंधों से भरी प्रकृति की गोद में
चलो— तितलियों की तरह
उड़ चले!
ज़हर-सी संस्कृति भरकर
कृत्रिम कंक्रीट शहरों की
नागरिकताओं में
क्या रखा है?
आइए!
चल पड़ें—
प्रकृति की गोद में,
सुगंधों के मंदिर में।
वहां की मिट्टी भी सुगंधित है
वहां की हवा भी सुगंधित है
वहां का पानी भी सुगंधित
पहाड़ियों की बाँहों में,
झरने के बसेरे में,
नाले की मोड़ पर—
प्रकृति के फूलों के आँगन में
चलो— बह जाएँ!
प्रकृति की छाती पर पनपे
मधुर फल,
जंगली कंद-मूल,
घाटियाँ, झरने,
वृक्ष–लताएँ,
पशु–पक्षी,
खेत–खलिहान,
मिट्टी के मनुष्य,
चट्टानें, पहाड़, जंगल,

नदियाँ, सभ्यताएँ,
तीर्थ–स्थल, पवित्र धाम—
सब कुछ वहीं!
क्या रखा है
इन शहरों की प्रतिदिन
ज़हर घोलती सभ्यताओं में?
आइए! चल उठें—
प्रकृति की गोद में!
सुगंधों के मंदिर में!
जीवनदायी प्राण–वायु की ओर!
हरे-भरे गाँवों की ओर!

2- 8- 1999.

41. वेन्नेला

*वेन्नेला ! कितना मधुर नाम!
कितनी शीतल पुकार!
कौन-सा इंसान है जिसे **वेन्नेला** नाम सुनकर
अपनापन महसूस नहीं होता?
लेकिन...
कसाई जैसी गरीबी की छाया में,
अपने ही बच्चे का सिर
मेढ़े के बच्चे की तरह काट डालने वाले
वे माता-पिता —
क्या वे इंसान हैं? या राक्षस?
इंसानों को राक्षस बनाने वाली
यह दुष्ट चीज — पैसा ही तो है!
खाने को भोजन न मिलने पर पेट पकड़कर पालायन कर आए
पालमूर मज़दूरों की गरीबी का यही परिणाम है
अभी ढंग से तीन साल भी पूरे न हुए तुम,
मेरी प्यारी वेन्नेला —
उसी समय तुम्हारे अपने माता-पिता ने
ज़रा-सी भी करुणा न दिखाकर,
तुम्हें मेढ़े के बच्चे की तरह
मशीन के हवाले बलि चढ़ा दिया।
देवकी के आठवें गर्भ की
दिव्य आकाशवाणी की तरह,
तुम भी इस दुनिया को
कौन-सा संदेश देकर जा रही हो?
"सुनो ओ गरीब माताओं-पिताओं!
मज़दूरों!
आने वाले पाँच–दस वर्षों में
सिर्फ पैसे के लिए

अपने छोटे-छोटे बच्चों को
इन निर्दयी मशीनों की भेंट मत चढ़ाओ।
गरीबी से जूझते-जूझते,
अज्ञान के अंधेरे में,
बिना काम के भूख से तड़पते हुए,
तुम चाहे जितना भी कष्ट सहो—
मरते-जीते रहो—
लेकिन मेरे जैसी मौत
अपने बच्चों को मत देना।
गला काटकर मत मारना।"
ओ वेन्नेला !
शीतल चाँदनी सी वेन्नेला!
दूध सी उजली,
सोने सी दिपदिपाती वेन्नेला!
अभागे माता-पिता की वेन्नेला!
शायद इस शताब्दी, इस सहस्राब्दी के लिए
तुम्हारा संदेश यही होगा…
— 26 अगस्त 1999
(24-8-1999 को, 'कसाई क़र्ज़' की निर्दयी मार के कारण,
वेननेला का गला उसके ही माता-पिता ने मशीन पर कटवा दिया.)
*वेन्नेला : लड़की या चांदनी का नाम।

42. नदी

नदी हमारे घर तक खुद चलकर आ गई
नल की पाइप के रास्ते।
मंजीरा हो या मानेर –
वे हमसे दूर ही क्यों न हों,
हम अपने आप को मानेरवासी कहें,
मंजीरावासी कहें – गलत तो नहीं।
कितने ही गाँव, कस्बे, नगर,
तीर्थ–क्षेत्र, पुण्य–स्थल,
हरियाली से भरे वन–प्रदेशों को पार करते हुए
नदियाँ हमें सभ्यताएँ सिखाती हैं!
नदियों को छोड़कर, सभ्यताओं को छोड़कर
कहें कि चले जाओ – कैसे जाएंगे?
नदी के सुजला–सुफला प्रवाह से ही तो
नदी हमारे आँगन तक पहुँचती है
नल की पाइप के द्वारा,
भले ही मंजीरा–मानेर हमसे दूर ही हों!
नदी मेरी जननी है!
नदी को छोड़कर जाऊँ— यह कैसे हो?
माँ की गोद की तरह
नदी की लहरों में, नदी की उमंग में
मैं छिपकर जीता हूँ—
पेड़ के लिए, जन्म के लिए, टीले के लिए,
पशु–पक्षी, पत्ती–बूटी, फल–फूल
सबके आधार बनकर वह बहती है।
नदी को छोड़कर जाऊँ— यह कैसे हो?
गंगा हो, गोदावरी हो, नर्मदा हो—
नदी ही मेरा पुण्य–क्षेत्र,
नदी ही मेरा तीर्थ–स्थान,

नदी ही मेरी सस्य–श्यामल भूमि।
नदी के पैरों में बेड़ियाँ डालकर
उसे बाँधना—
मानो सभ्यताओं को बाँधना है।
बहती नदी में ही जीवन है,
प्रवाह में ही जीने की सुगंध है।
नदी जानती है उरूक, वेग, दौड़, तीव्रता।
नदी मुझे डुबोएगी नहीं—
आप उसे बाँधकर डुबो दें, तो अलग बात!
समय की तरह नदी भी
सहस्राब्दियों से निरंतर बहती आ रही है।
बड़े–बड़े प्रोजेक्ट बनाकर
नदी को बाँधना— उसे विकास कहते हैं क्या?
चाहें तो हम वर्षा–देव और सूर्य–देव को साक्षी रखकर
हर घर की ज़मीन में
जल–स्रोत स्वंय खड़े कर लेंगे,
जीवन में बिजली जला लेंगे—
पर नदी को मत बाँधिए।
मर जाऊँगा अगर ज़रूरत पड़ी—
पर नदी को ज़िंदा रखूंगा।
नदी मेरा जीवन–प्रवाह है।
नदी को मत बाँधिए।
सितंबर 1999

43. कामकाजी लोग

कामकाजी लोग
मनुष्य को काम करना चाहिए।
जीने के लिए काम करना ज़रूरी है।

काम के लिए ही काम करना पड़ता है।
काम करने में संतोष है, आनंद है!
जिसका काम है वही करे,
जिसे जो करना चाहिए वही करे।
जिसे काम करना चाहिए,
वही लोग समय पर अपना काम न करें तो,
वे ही काम —
काम करने की योग्यता न रखने वाले लोग कर डालते हैं।
तब दुनिया में अनर्थ ही अनर्थ!
कुछ लोग सच में काम करते हैं,
कुछ लोग सिर्फ काम करते हुए दिखाई देते हैं।
काम न करके भी "हम काम कर रहे हैं" कहना—
यह भी एक विचित्र बात है।
जब काम करना धर्म है,
जब काम करना अनिवार्य है,
तो फिर किसी न किसी को तो काम करना ही होगा।
घर झाड़ने के लिए, कपड़े धोने के लिए, बर्तन माँजने के लिए,
घर की रखवाली करने के लिए कामवाले होते हैं...
सिर्फ काम के लिए काम करने वाले लोगों को
हम "कामकाज के लिए ही बने लोग" समझ लेते हैं—
यह सोच बदलनी चाहिए।
राजा हो, मंत्री हो, सेवक हो, सैनिक हो,
कर्मचारी हो, गृहिणी हो, शिक्षक हो,
कवि हो या लेखक—

हर किसी को अपना काम स्वयं करना चाहिए।
पक्षी, पक्षी की तरह
अपना काम करते हुए ही जीता है
जानवर, जानवर की तरह
अपना काम स्वयं करते हुए ही जीता है।
शायद मनुष्य ही
मनुष्य की तरह जीते हुए
अपना काम ठीक से नहीं कर पा रहा है!
काम करने में विलंब क्यों?
काम करने के लिए अलग "कामकाजी लोग" क्यों?
"काम के नाम पर काम" कहने के बजाय,
अनुभव के साथ
हर किसी को अपना काम
सही ढंग से—
अपने धर्म की तरह—
करना चाहिए।

29-2-1999

44. पत्र

मनुष्य न जाने तो भी कोई बात नहीं,
दिखाई न दे तो भी कोई हर्ज नहीं—
पर दिल की बात कहनी हो तो
पत्र ही घर आकर
मन भर देता है,
प्रेम बाँटता है।
जब ऊँचे स्वर में जताने की,
गला उठाकर कहने की
सुविधा न हो—
तभी पत्र
दिलों को जोड़ने वाला
जीवंत सेतु बन जाता है।
पत्रों को न समझने वाले
पत्थर-से दिल
कहीं हों भी—
पर बोलना चाहिए ऐसे लोग,
बोल सकने वाले लोग
जब नहीं बोलते—
वही असली पीड़ा।
दिल तक पहुँचने वाला अपनापन हो तो,
किसी को भी कभी भी लिख सकते हैं, बतिया सकते हैं।
इंसानों से मिलने के लिए, दिलों को समझने के लिए
क्या ओहदे, पद, प्रतिष्ठा या शोहरत की ज़रूरत है?
दोस्ती के लिए बस एक ही बात काफ़ी है—
दोस्ती सिर्फ़ दोस्ती के लिए ही होती है!
चिट्ठी एक आसरा है!
संतोष, आनंद का स्रोत!
लिखने के लिए पन्नों की ज़रूरत कहाँ—

दो शब्द भी काफ़ी हैं,
अगर उनमें प्रेम भरा हो तो दिल लबालब भर जाते हैं।
जो लोग चिट्ठी लिखना ही आलस समझते हैं,
वो फिर लिखने की बात क्यों करें,
दुनिया के बारे में लिखने की बात क्यों करें?
इंसान कभी भी अकेला द्वीप नहीं होता;
शायद इंसान से भी बड़ी चीज़ चिट्ठी ही है।
कुछ लोग अपने दिलों पर ताले चढ़ा लेते होंगे,
पर शायद किसी दिन
दिल का बोझ बढ़कर वो ताले टूट जाएँ,
और दिल की सारी धड़कनें बहकर
चिट्ठियों की तरह अपने अपनों तक पहुँच जाएँ।
क्या चिट्ठी सिर्फ़ काग़ज़ है?
नहीं—वो तो रक्त-मांस से बँधी एक सजीव डोर है,
हमारे मन की तहों से उठती
मधुर वीणा की धुन है,
दिल के आसमान में उड़ने वाला
एक सुंदर विहंग है।
मित्रों ! आइए ! ...
अपनों को
थोड़ी देर फिर से चिट्ठियों के माध्यम से
एक-दूसरे को पुकारें,
बार-बार पुकारें।

29–2–1999

45. मज़दूर

उम्र में कोई फर्क नहीं...
औरत पचास की, मर्द सत्तर का—
मज़दूरी के अड्डों पर
मक्खियों की तरह झुंड बनाकर घूमते रहते हैं।
"साब! मज़दूर चाहिए क्या?
मैं आता हूँ... मैं आता हूँ..."
काम करने वाले मज़दूर को
नए घड़े की तरह बजाकर देखकर
परखा जा सकता है।
क़रज़, अकाल, और बेरहम हालात की कसाई चक्की में पिसते
पलमूर के मज़दूर,
मेतुकु सीमा के मज़दूर,
हुस्नाबाद से, ओरंगल्लू से,
खम्मम, नलगोंडा से,
यहाँ तक कि ओडिशा पार कर आते लोग—
बस पेट की आग बुझाने।
रंग, वेश, जात, भाषा—किसी का फ़र्क नहीं,
लंबाड़ी, ओड्डेर, किसान भी
चौराहे पर बैठे पंछियों की तरह
मज़दूर अड्डों पर काम के लिए ताक में रहते हैं।
पंखों की मेहनत करनी हो तो
काम न मिले तो रिक्शा चलाना पड़ता है,
किसी न किसी लारी पर, ट्रैक्टर पर चढ़ना पड़ता है।
काम करने के लिए खाना चाहिए,और खाने के लिए काम चाहिए।
गाँवों में काम अकाल,
बस्तियों में पानी अकाल,
बिजली की किल्लत,
बंजर खेतों की गवाही में—

"अन्नमो रामचंद्रा" कहते हुए
लोग शहरों की ओर मज़दूर बनकर पलायन कर रहे हैं।
अगर कंक्रीट शहर बनाना ही विकास है,
कंप्यूटर-मय होना ही राष्ट्र का लक्ष्य है,
तो गाँवों को छोड़
रोज़गार के लिए शहरों की ओर
मज़दूरों के झुंड की तरह बढ़ते इंसानों को
एक दिन मज़दूरी भी न मिले—
तो कसूर किसका?
इंसान का?
या व्यवस्था का?
गाँवों की गवाही में इस देश का ग्रामीण भारत फिर से पनपे—
ऐसे नेता चाहिए।
गाँवों को हराभरा करने वाले
सैकड़ों–हज़ारों अन्ना हज़ारे आज जन्म लेने चाहिए।
मज़दूर नहीं—
'किसान ही राजा है' कहने वाले दिन फिर से लौट आएँ।

1999

46. पुनर्जन्म

जन्म लेना है, मरना है,
मरना है, फिर से जन्म लेना है!
कवि के लिए—कविता के लिए—हर दिन एक नया पुनर्जन्म है!
कवि को जलना है, कवि को मरना है,
कवि को फिर–फिर सूरज की तरह जन्म लेना है।
सर्कस की कलाबाज़ियाँ दिखाने वाला कोई जादूगर नहीं कवि,
नाम–यश के लिए तरह–तरह की घास चरने वाला
बेबस गधा भी नहीं।
लोकप्रियता के दो अर्थ नहीं होते—
चाहे वह *श्रीनाथ हों, या *श्री श्री—
कवि तो कवि ही होना चाहिए,
वरना वह बस सस्ती लोकप्रियता में ही जीता है।
जहाँ दिमागों में ज़हरीले वृक्ष उगते हैं,
वहाँ ज़हरीले वृक्ष ही—या बौने वृक्ष ही—
महावृक्ष कहलाते हैं।
ऐसी जगह में किसी को गुलाबी फूलों की कोमलता की तरह
ज़हर-दर-ज़हर बढ़ते देखना बुद्धिमानी नहीं।
एक बार जन्मा कवि—
हज़ार बार मरना पड़ता है,
हज़ार बार पुनर्जन्म लेना पड़ता है!
कवि का अपना विशाल ब्रह्मांड है,
अपना साम्राज्य है—
और वह स्वयं ही उस साम्राज्य का सम्राट है।
नाम, यश, धन, पद, प्रतिष्ठा—
किसी के आगे हाथ फैलाने वाला परजीवी नहीं।
मकड़ी की तरह कौशल,
चींटी व मधुमक्खी की तरह बुद्धि,
रेशम-कृमि की तरह त्याग,

रंग-बिरंगी तितली के जीवन–रहस्य—
सब कवि को जानना चाहिए।
कवि को मारा जा सकता है,
पर कवि की भावना को कौन मार सकता है?
नाम से, जाति से, कुल से, धन से, पद से
महान दिखने से बड़ा
कवि के लिए महान है—
अपनी कविताओं से महान बनना।
मनुष्य की तरह कवि मर जाता है,
पर कवि होने पर वह सदियों तक जीवित रहता है।
कविता—कवि का पुनर्जन्म है,
पीढ़ी दर पीढ़ी!
*श्रीनाथ 15वीं सदी के तेलुगु के महान कवि
*श्री श्री 20वीं सदी के तेलुगु के महान कवि।

25-10-1999.

47. कविता

कविता के साक्षात्कार के लिए
कभी दिनों को देखा, कभी महीनों को,
कभी पूरा साल बीतने दिया।
कविता तब नहीं आई जब मैंने उसे पुकारा—
वह तो तब आई
जब मैंने उसे पुकारने की भी नहीं सोचा।
कविता के लिए मैं बार-बार स्वयं को पढ़ता रहा,
मनन करता रहा,
और अपने भीतर ही स्वयं की खोज करता रहा।
कविता के लिए—कभी
सड़कों पर भटका, भीड़ में झांका,
गाँवों में, नगरों में,
पेड़ों में, पहाड़ियों में,
वनों में, देशों में—
हर जगह कविता का पता ढूँढता रहा।
"कविता का पता कहाँ है—
यह जानने के लिए मैं कवियों की कलमों में,
पुस्तकों की गहराइयों में डूबकर देखा।"
कविता कभी चुपके से कहीं चली जाती है—
बिना बताए।
फिर कब लौटकर आएगी,
मेरे समीप, मेरे संबल की तरह—
कहना मुश्किल।
कविता न रहने पर मैं अकेला पड़ जाता हूँ,
कविता जब मेरे भीतर होती है—
मैं महकते फूल की तरह खिल उठता हूँ।
कविता मुझे ज्ञान का अमृत देती है,
प्रेम का अमृत भी।

मैं न रहूँ—
तो भी कविता कहीं न कहीं जीवित रहती है।
पर कविता न रहे—
तो मैं नहीं रहता,
सुषुप्त अवस्था में भी नहीं।
कविता बिना मैं जी नहीं सकता।
जब भी कविता मुझसे दूर जाती है—
मैं उसे खोजता हूँ,
उसका आह्वान करता हूँ,
कविता के लिए लिखता रहता हूँ।
आज भी, कभी भी,
मेरी साधना और मेरी तपस्या को देखकर—
कविता मुझ पर अवश्य दया करेगी
—ऐसा विश्वास है मुझे।
कविता—मेरी पाली–पोसी प्यारी संतान,
कविता—मुझे थपकने वाली माँ,
कविता—मुझे दुलराने वाली हृदय–रानी,
कविता सदा मुझ पर करुणामयी रहेगी।

11–11–1999

48.आँसू मत आने दो

आँसू मत आने दो।
कमज़ोरी मत आने दो।
कठोरता के सामने, दानवी प्रवृत्ति के सामने,
कलुषता के सामने—आँसू मत आने दो।
पहाड़ों से सीखना चाहिए—
कितने ही प्रलय क्यों न आएँ,
वे अडिग खड़े रहते हैं!
समुद्र से सीखना चाहिए—
कितने ही उतार-चढ़ाव आएँ,
उसका गाम्भीर्य कभी नहीं टूटता!
आकाश से, धरती से सीखना चाहिए—
उनकी स्थिरता देखकर
मन पुलकित हो जाना चाहिए,
उमड़-घुमड़ उठ जाना चाहिए!

तो फिर आँसू क्यों बहाना?
जब कठोरता, कटुता, कलुषता
जीवन का हिस्सा बन जाए,
तब भी—
भलाई के सामने, मानवता के सामने,
करुणा के सामने
आँसू निर्मल वर्षा की तरह
स्वतः बह पड़ते हैं!
उन्हें आँसू मत कहो—
उन्हें कहो आनंद-बाष्प।
हृदय की वर्षा।
हृदय का उल्लास।
जो लोग आँसुओं की कीमत जानते हैं—

उनके चरण आँसुओं से धो दें,
यह कोई गलत काम नहीं—
बल्कि पुण्य है!
आँसू मत आने दो—
आँधी आए, बाढ़ आए,
भूकंप आए, अकाल- मृत्यु आए,
अपनों का साथ छूट जाए,
सब कुछ नष्ट हो जाए—
फिर मेरा, मेरे अपने—सब कुछ खो जाने पर भी,
'उसने जंगल को जीत लिया' कहानी के उस बूढ़े की तरह
अटूट आत्मविश्वास के साथ जीना चाहिए।"
जीवन यानी निरंतर पीड़ा,
पीड़ा यानी संघर्ष—
यह जानकर भी
पहले महान संघर्ष-योद्धा
स्पार्टकस की तरह जीना है।
आँसू मत आने दो।
आँसू मत आने दो।
आत्मविश्वास कभी मत टूटने दो।

(21–11–1999)

49. कारगिल के वीर जवानों की स्मृति में

वीर जवानों!
हम हिंदू हैं, मुस्लिम हैं,
ईसाई हैं, जैन हैं, बौद्ध हैं,
सिख हैं, पारसी हैं—
पर सबसे पहले और सबसे ऊपर—
हम समस्त भारतीय आपके साथ हैं।
वीर सपूतों !
हम मज़दूर हैं, किसान हैं,
कवि हैं, कलाकार हैं, लेखक हैं,
गायक हैं, डॉक्टर हैं, अभिनेता हैं,
वकील हैं, नेता हैं, वैज्ञानिक हैं,
इंजीनियर हैं, अध्यापक हैं, विद्यार्थी हैं,
खिलाड़ी हैं, व्यापारी हैं—
छोटे हैं, बड़े हैं—
लेकिन हम सब भारतीय
आपके साथ हैं... हमेशा आपके साथ!
हम तिरंगा थामे,
देश के कोने–कोने में—
गाँवों में, शहरों में,
हर दिशा में, हर राह पर—
आपकी वीरता का गीत गाते हुए
झंडा ऊँचा फहरा रहे हैं!
हे देश के लिए प्राण न्यौछावर करने वाले वीर जवानों!
राष्ट्र कैसे भूल सकता है आपको?
माँ और मातृभूमि—दोनों पूजनीय, दोनों पावन!
हे वीर सपूतों—.
हमारा भारत महान!
झंडा ऊँचा सदा रहे हमारा!

मुझे अपना भारत प्यारा है!
जय जवान!
जय हिंद!

15-7-1999.

डॉ. सब्बनि लक्ष्मीनारायण : जीवन-परिचय (Biodata)

व्यक्तिगत विवरण :

नाम: डॉ. सब्बनि लक्ष्मीनारायण

माता-पिता: नागम्मा – मल्लेशम

पत्नी: श्रीमती शारदा

मूल निवासी: बोम्मकल ग्राम, मंडल एवं जिला करीमनगर, तेलंगाना राज्य

पता: 6-6-302, साईनगर, करीमनगर – 505001

मोबाइल: 08985251271

ई-मेल: ln.sabbani@gmail.com

परिवार:

• बड़े पुत्र एवं पुत्रवधू: शरथ चंद्र – सृजना (यूएसए)

• पौत्र: श्रीयान, क्रितिन (यूएसए)

• छोटे पुत्र: वंशी कृष्ण

-

जन्म तिथि: 01-04-1960

(प्रमाण-पत्र अनुसार: 21-07-1957)

शैक्षणिक योग्यताएँ :

एम.ए. (अंग्रेज़ी)

एम.ए. (हिंदी)

एम.एड.

पी.जी.डी.टी.ई. (CIEFL)

एम.एससी. (मनोविज्ञान)

एम.ए. (ज्योतिष)

एम.ए. (संस्कृत – 2024 में प्रवेश, PGRRCDE, हैदराबाद)

वृत्ति :

राजकीय जूनियर कॉलेज (कला एवं वाणिज्य), करीमनगर से अंग्रेज़ी के सेवानिवृत्त जूनियर लेक्चररा

साहित्यिक कृतियाँ : 40

1. मौन समुद्रम (कविता संग्रह) – 1999
2. मन प्रसथानम् (पैरोडी संग्रह) – 2001
3. बतुकु पदालु (जीवन की वाणी) – 2003
4. नदी ना पुट्टका (नदी मेरी जन्म) – 2005
5. मनिषि (दीर्घ कविता) – 2007
6. शेषेन्द्र स्मृति लो – 2007
7. अथनि अक्षरम् मीदा चेवि पेट्टि विनंडी (कहानियाँ) – 2008
8. चेट्टु नीड़ा (वृक्ष की छाया) – 2010
9. अव्वा (माँ – शोक काव्य) – 2010
10. प्रेमंटे (प्रेम कविताएँ) – 2015
11. शहीद भगत सिंह (जीवनी) – 2015
12. साहित्य नानोळु – 2016
13. तेलंगाना ओका सत्यं – 2010
14. हैदराबाद! ओ! हैदराबाद! (दीर्घ कविता) – 2010
15. तेलंगाना नानोलु – 2010
16. तेलंगाना रेक्कलु – 2010
17. तेलंगाना हाइकुलु – 2011
18. तेलंगाना नानीलु – 2011
19. चारित्रक तेलंगाना – 2010
20. तेलंगाना वैभव गीतमुलु – 2014
21. दम्पति नानीलु (शारदा के साथ) – 2015
22. तेलंगाना कुछ वास्तविकताएँ (निबंध) – 2014
23. भक्त मीरा कविताएँ (अनुवाद) – 2017
24. चाणक्य नीति सूत्र (अनुवाद) – 2017
25. अक्षराणुवुलु – 2017
26. प्रेम स्वरालु – 2017

27. अनुभव सत्यालु –आणि मुत्यालु – 2017
28. अक्षर सौरभालु (एक पंक्ति कविताएँ) – 2017
29. वंडरलैंड अमेरिका नानीलु
30. तेलंगाना पदालु – 2018
31. सब्बनी कवि पलुकु सत्यमेपुडु – 2018
32. अटवेलदिलो अमेरिका (छंदबद्ध कविताएँ)०००
33. ना अमेरिका साहित्यिक सौहार्द यात्रा (यात्रा वृत्तांत) – 2018
34. सब्बनी साहित्य व्यासमुलु – 2022
35. सब्बनी समग्र तेलंगाना साहित्य – 2023
36. ना चारधाम यात्रा – 2024
37. समीक्षलु – विमर्शालु – 2024
38. द साइलेंट ओसियन (अंग्रेज़ी अनुवाद) – 2024
39. मौन समुद्र (हिंदी अनुवाद) - 2025.
40. मट्टिकि मोक्कुदाम (कविता संग्रह 2025)

संपादित काव्य संकलन.

1. नेटि कविता – 2007
2. नेटि कविता – 2008
3. नेटि कविता – 2009
4. स्वतंत्र भारत अमृत महोत्सव (तेलुगु-हिंदी-अंग्रेज़ी त्रिभाषी काव्य संग्रह) – 2025.
5. मूला वागु मंदारम् (स्मारिका) – 2023
6. ऑपरेशन सिंदूर (कविता संग्रह) – 2025

साहित्यिक एवं सांस्कृतिक संगठन :

- संस्थापक अध्यक्ष, शरथ साहिती कला स्रवंति ,करीमनगर (1999)
- संस्थापक अध्यक्ष, तेलंगाना साहित्य वेदिका, करीमनगर (2001)

ऑडियो गीत:

1. तेलंगाना वैभवम् – 2014
2. तेलंगाना वैभव गीतमुलु – 2015
3. स्वच्छ भारत गीत – 2015
4. पर्यावरण गीत – 2015

5. मिशन काकतीय तालाब गीत – 2015
6. गोदावरी नदी गीत – 2015
7. स्वतंत्रता सेनानी थोटापल्ली गांधी स्मृति गीत – 2014
8. कोंडा लक्ष्मण बापूजी स्मृति गीत – 2014

पुरस्कार, सम्मान एवं अभिनंदन :

1. "सर्वश्रेष्ठ कवि –2003 पुरस्कार",
पोएट्स इंटरनेशनल वार्षिक पुरस्कार–2003, बेंगलुरु।
2. "पुलिकंटी साहित्य सत्कृति",
तिरुपति कहानी पुरस्कार–2004, आंध्र प्रदेश।
3. "साहित्य मित्रुलु" रजत जयंती महोत्सव पुरस्कार–2005,
मछलीपट्टनम, आंध्र प्रदेश।
4. "समता साहिती, करीमनगर"
पार्थिव उगादी अभिनंदन–2005।
5. "सर्वश्रेष्ठ शिक्षक पुरस्कार",
डॉ. जयशेट्टी रमणैय्या ट्रस्ट, जगित्याल–2005।
6. "साहित्य भूषण" पुरस्कार,
सारस्वता ज्योति मित्र मंडली, करीमनगर–2005।
7. "मई दिवस–2013" कविता पुरस्कार एवं
"उगादी कहानी पुरस्कार–2013",
'नेटी निजम्' दैनिक, हैदराबाद।
8. "साहित्य किरणम्" मासिक पत्रिका कहानी पुरस्कार–2013,
हैदराबाद।
9. "सर्वश्रेष्ठ एनएसएस कार्यक्रम अधिकारी पुरस्कार",
जिला कलेक्टर, करीमनगर–2010।
10. राज्य स्तरीय "सर्वश्रेष्ठ शिक्षक पुरस्कार",
आंध्र प्रदेश सरकार–2013।
11. "कलहंस पुरस्कार"–2014,
नेलवंका–नेमलीका पत्रिका, हैदराबाद।

12. महाकवि शेषेंद्र पुरस्कार,
हैदराबाद–2015।
13. उम्मडीसेट्टी साहित्य उत्कृष्टता पुरस्कार,
अनंतपुर (आंध्र प्रदेश) – नवंबर 2015।
14. मल्ला जगन्नाधम स्मृति कविता पुरस्कार,
अनकापल्ली (आंध्र प्रदेश) – दिसंबर 2015।
15. "साहित्य श्री" पुरस्कार,
काफ़िला इंटरनेशनल ऑर्गनाइज़ेशन, चंडीगढ़, भारत –2016।
16. "अद्देपल्ली कविता सृजन प्रतिभा पुरस्कार",
विजयवाड़ा, आंध्र प्रदेश – 2016।
17. "नानो कविता प्रकृति पुरस्कार",
आंध्र सरस्वत समिति स्वर्ण जयंती समारोह,
मछलीपट्टनम – 2016।
18. तेलुगु विश्वविद्यालय कीर्ति पुरस्कार (कविता) – 2018।
19. डी.लिट्. (मानद डॉक्टरेट – साहित्य),
सेंट मदर टेरेसा वर्चुअल यूनिवर्सिटी फॉर पीस एंड एजुकेशन,
बेंगलुरु – 2019।
20. "नव सृजन कला प्रवीन पुरस्कार",
कानपुर, उत्तर प्रदेश – 2020।
21. "भारत की आज़ादी का अमृत महोत्सव" देशभक्ति गीत प्रतियोगिता,
राज्य स्तरीय द्वितीय पुरस्कार (तेलंगाना) – 2022।
22. सर्वश्रेष्ठ कवि पुरस्कार,
तेलंगाना बुक ऑफ रिकॉर्ड्स – 2023।
23. संस्कृति सेवा सम्मान पुरस्कार – 2024,
वेयिल फ़ाउंडेशन, बेंगलुरु।
24. हरिदा रचयितल संघम्, निज़ामाबाद,
कविता पुरस्कार – 2025।